BEI GRIN MACHT SICH IHR WISSEN BEZAHLT

- Wir veröffentlichen Ihre Hausarbeit, Bachelor- und Masterarbeit

- Ihr eigenes eBook und Buch - weltweit in allen wichtigen Shops

- Verdienen Sie an jedem Verkauf

Jetzt bei www.GRIN.com hochladen und kostenlos publizieren

Bibliografische Information der Deutschen Nationalbibliothek:

Die Deutsche Bibliothek verzeichnet diese Publikation in der Deutschen Nationalbibliografie; detaillierte bibliografische Daten sind im Internet über http://dnb.dnb.de/ abrufbar.

Dieses Werk sowie alle darin enthaltenen einzelnen Beiträge und Abbildungen sind urheberrechtlich geschützt. Jede Verwertung, die nicht ausdrücklich vom Urheberrechtsschutz zugelassen ist, bedarf der vorherigen Zustimmung des Verlages. Das gilt insbesondere für Vervielfältigungen, Bearbeitungen, Übersetzungen, Mikroverfilmungen, Auswertungen durch Datenbanken und für die Einspeicherung und Verarbeitung in elektronische Systeme. Alle Rechte, auch die des auszugsweisen Nachdrucks, der fotomechanischen Wiedergabe (einschließlich Mikrokopie) sowie der Auswertung durch Datenbanken oder ähnliche Einrichtungen, vorbehalten.

Impressum:

Copyright © 2004 GRIN Verlag, Open Publishing GmbH
Druck und Bindung: Books on Demand GmbH, Norderstedt Germany
ISBN: 9783668105379

Dieses Buch bei GRIN:

http://www.grin.com/de/e-book/39247/rotweinservice-praesentieren-oeffnen-und-servieren-einer-rotweinflasche

Claudia Sunderkamp

Rotweinservice. Präsentieren, Öffnen und Servieren einer Rotweinflasche am Tisch des Gastes (Unterweisung Hotelfachmann / -frau)

GRIN Verlag

GRIN - Your knowledge has value

Der GRIN Verlag publiziert seit 1998 wissenschaftliche Arbeiten von Studenten, Hochschullehrern und anderen Akademikern als eBook und gedrucktes Buch. Die Verlagswebsite www.grin.com ist die ideale Plattform zur Veröffentlichung von Hausarbeiten, Abschlussarbeiten, wissenschaftlichen Aufsätzen, Dissertationen und Fachbüchern.

Besuchen Sie uns im Internet:

http://www.grin.com/

http://www.facebook.com/grincom

http://www.twitter.com/grin_com

Unterweisungsentwurf zur Ausbilder-Eignungsprüfung

Prüfungstag	
Name des Prüfungsteilnehmers	Claudia Sunderkamp
Kennnummer	
Prüfungsort	IHK – Akademie München
Thema der Unterweisung	Präsentieren, Öffnen und Servieren einer Rotweinflasche am Tisch des Gastes
operationales Lernziel	Der/ die Auszubildende soll nach der Unterweisung in der Lage sein, eine Rotweinflasche zu präsentieren, zu öffnen und den Rotwein zu servieren
Lernort (Ausbildungsplatz)	Restaurant
Ausbildungsberuf	Hotelfachmann/ -frau
Der/ die Auszubildende befindet sich im	1. Ausbildungsmonat des 2. Ausbildungsjahres
Zeitdauer der Unterweisung	15 Minuten
Verwendete Ausbildungsmittel	Kellnerbesteck, Papierservietten, Brotteller Handserviette, Weinflaschen, Rotweinglas, Handzettel für den Auszubildenden

Unterweisungsablauf

Ausgangssituation:
Der/ die Auszubildende soll in einer Woche vom Bankettservice in den á-la-carte Service in das Restaurant wechseln.

1. Stufe:
Vorbereitung, Einstimmung, Heranführen des/der Auszubildenden an das Unterweisungsthema, Motivation

Vorbereitung
- am Lernort befinden sich ein Kellnerbesteck, mehrere Papierservietten, zwei kleine Teller (Brotteller) mit Serviette, drei Rotweinflaschen mit Papiermanschetten um den Hals und drei Weingläser

Kontaktaufnahme und Befangenheitsnahme
- Auszubildenden freundlich begrüßen, direkt mit Namen ansprechen und ihm dabei in die Augen sehen, um eine gelockerte Atmosphäre zu schaffen
- Auszubildenden über den bisherigen Arbeitstag fragen, z.B. welche Tätigkeiten er wo ausführte, dies nimmt seine/ ihre Befangenheit und so gewinnt er/ sie Selbstsicherheit

Lernziel der Unterweisung nennen und in den organisatorischen Zusammenhang setzen
- Selbständiges Präsentieren, Öffnen und Servieren von Rotwein in Flaschen am Tisch des Gastes
- Zusammenhang: Bei der letzten Unterweisung in der vergangenen Woche wurde das korrekte Vorlegen von Speisen geübt und nun soll weiter in den á-la-carte-Service eingegangen werden

Motivationshilfen geben
- fachgerechtes Servieren von Flaschenwein sieht sehr professionell aus, der Gast schaut meist gerne zu und so wird das Selbstbewusstsein gestärkt
- die Vorfreude des Gastes auf den Wein wird so erhöht

- der Service bekommt einen persönlichen Touch, der Gast honoriert dies und man kommt so eventuell in ein Gespräch, so wird die Arbeit abwechselungsreicher und interessanter
- der Auszubildende soll ruhig nicht zögern, bei Fragen auf mich zuzukommen

Vorkenntnisse erfragen
- Auszubildenden fragen, ob im Praxisunterricht der Berufschule schon der Weinservice geübt wurde

Sinn und Zweck der Unterweisung
- der/ die Auszubildende wird in einer Woche die Abteilung wechseln und selbständig am Tisch des Gastes arbeiten
- im anspruchsvollen Service sollte der Weinservice fachlich korrekt und am Tisch des Gastes vor seinen Augen durchgeführt werden, mit anschaulichen Bewegungen
- in der nächsten Unterweisung werden die Unterschiede zum Weißweinservice und zum Schaumweinservice erklärt

2. Stufe:
Vormachen und Erklären

- Erklärung der Funktionen des Kellnermessers und der anderen Utensilien

Vorführung
- langsam und deutlich werden die einzelnen Arbeitsschritte unter strenger Beachtung und Betonung des Was - Wie - Warum vorgeführt:
    - WAS wird gemacht?
    - WIE wird es gemacht?
    - WARUM wird es gemacht?

WAS?	WIE?	WARUM?
Die Flasche wird dem Besteller von der linken Seite in der Handserviette präsentiert.	Mit der linken Hand wird der Flaschenhals, mit der rechten Hand der Rumpf der Flasche in der Handserviette festgehalten.	Der Gast kann vergleichen, ob die bestellte Flasche mit der servierten übereinstimmt.
Verschlusskapsel mit dem Messerteil am Kellnerbesteck, unterhalb des Wulstes am Flaschenhals abschneiden, Kapsel auf einen Brotteller legen. Manche Flaschen neueren Datums haben eine Abreißvorrichtung (Reißfaden).	Flasche mit der einen Hand festhalten und drehen, mit der anderen Hand schneiden. Flasche nicht mehr als 180° drehen.	Die Flasche wenig drehen, weil das Etikett möglichst zum Gast zeigen sollte. Unterhalb des Wulstes abschneiden, damit später beim Ausgießen der Wein nicht mit der Kapsel in Berührung kommt und damit der Flaschenmund nun besser gesäubert werden kann.
Eventuelle Verunreinigungen am Flaschenmund werden vorsichtig entfernt.	Die Anschmutzungen werden mit einer Papierserviette entfernt.	Hier wird eine Papierserviette und keine Stoffserviette genutzt, um schlecht zu entfernende Rotweinflecken auf Stoff zu vermeiden.
Der Korkenzieher des Kellnerbestecks wird in die Mitte des Korkens eingedreht, dabei darf der Korken nicht durchgebohrt werden.	Etwa anderthalb Ringe des Korkenziehers werden seitlich an den Korken angelegt, um die Mitte des Korkens zu bestimmen.	Der Korken darf nicht durchgebohrt werden, damit keine Krümel des Korkens den Wein verunreinigen.
Der Heber am Kellnerbesteck wird auf dem Flaschenmund aufgestützt und der Korken wird langsam (ohne Geräusch!) herausgezogen.	Der Korken wird zu etwa Dreiviertel seiner Länge aus der Flasche gezogen, dann wird der Korken mit einer Papierserviette langsam hin- und herbewegt und dabei herausgezogen. Das Anwinkeln der Flasche erleichtert dies.	Der Korken darf nicht ruckartig geöffnet werden, da sonst durch den schnellen Vakuumverlust im Flaschenhals eventuell vorhandene Kork- oder Staubreste in die Flasche gelangen können. In seltenen Fällen kann der Wein in Sekundenschnelle „umkippen", weil zu schnell Sauerstoff zugeführt wurde.
Der Flaschenmund wird nochmals gesäubert. Der Korken wird auf den kleinen Teller gelegt und auf Unversehrtheit geprüft und dem Gast zur Kontrolle gereicht.	Gesäubert wird wieder mit einer Papierserviette. Der Korken wird noch am Kellnerbesteck mit einem kurzen Blick und bezüglich des Geruchs geprüft.	Die Papierserviette wird wieder zur Vermeidung von Rotweinflecken auf Stoff verwandt.

Ein Probeschluck (etwa 4 cl) wird dem Besteller eingeschenkt.	Die Flasche wird locker in der Hand gehalten, wobei das Etikett dem Gast zugewandt ist. Die Flasche darf beim Einschenken den Glasrand nicht berühren. Zum Beenden wird die Flasche leicht abgedreht. Der linke Arm befindet sich während des Einschenkens leicht angewinkelt hinter dem eigenen Rücken.	Der Gast soll das Etikett noch während des Einschenkens lesen können, um sich noch einmal zu informieren. Das Abdrehen der Flasche verhindert ein eventuelles Nachtropfen auf die Tischdecke. Der Probeschluck kann so groß ausfallen (4 cl), falls ein wiederholtes Verkosten erforderlich sein sollte. Durch den angewinkelten Arm wird eine eventuelle Gästeberührung vermieden.
Danach wird erst den anderen Gästen am Tisch und zum Schluss wiederum dem Besteller eingeschenkt.	Den Damen und Ehrengästen wird zuerst eingeschenkt.	

Verstehen
- Frage an den Auszubildenden, ob alles verstanden wurde
- nicht verstandene Schritte werden nochmals erklärt

3. Stufe:
Nachmachen und Erklären lassen

Wiederholung des Vorgangs
- Der Auszubildende wiederholt den Unterweisungsvorgang und präsentiert, öffnet und serviert eine weitere Flasche Rotwein selbständig
- dabei erklärt er, WAS er macht, WIE er es macht und WARUM er es macht.

Hilfe und eventuelle Fehlerkorrektur
- während der Wiederholung wird der Auszubildende von mir beobachtet
- falls notwendig, korrigiere ich und gebe Hilfestellung
- wenn nötig, den Auszubildenden einen nicht korrekt nachgemachten Arbeitsschritt wiederholen lassen
- durch Verständnis- und Kontrollfragen Vergewisserung, ob der Auszubildende wirklich alles verstanden hat

Bewertung
- nachdem der Auszubildende seine Aufgabe beendet hat, wird unter seiner Mitwirkung das Ergebnis von mir bewertet
- bei gut nachvollzogenem Arbeitsvorgang spreche ich Lob und Anerkennung aus
- wenn Kritik nötig ist, wird sie sachlich geäußert, Verbesserungsvorschläge werden gemacht und der Hinweis darauf hin gegeben, dass weiteres Üben sicher zum Erfolg führen wird

4. Stufe:
Selbständiges Anwenden und Abschluss

Gesamtvorgang in eigenen Worten
- der Auszubildende fasst die wesentlichen Punkte des Vorgangs zusammen und gibt sie somit in eigenen Worten wieder
- eventuelle Fragen werden gemeinsam geklärt

Bezug zur Praxis herstellen und Motivation
- ab nächster Woche wird der Auszubildende selbständig am Tisch des Gastes arbeiten
- Aufforderung, in der Praxis möglichst jede Möglichkeit zu nutzen, selbständig eine Weinflasche am Gast zu präsentieren, zu öffnen und zu servieren
- Zuversicht äußern, dass er diese Aufgabe gut meistern wird, für Leistung loben
- Ermunterung, bei Rückfragen stets auf mich zuzukommen

Verabschiedung
- Aufforderung, das eben Erlernte in das Berichtsheft einzutragen und bei der nächsten Unterweisung vorzulegen, um es sich besser einprägen zu können
- zur Unterstützung werden dem Auszubildenden ein vorbereiteter Handzettel zum Thema der Unterweisung mitgegeben
- nochmaliger Hinweis auf die nächste Unterweisung mit Erläuterungen zu den Unterschieden im Rotwein-, Weißwein- und Schaumweinservice
- freundliche Verabschiedung

BEI GRIN MACHT SICH IHR WISSEN BEZAHLT

- Wir veröffentlichen Ihre Hausarbeit, Bachelor- und Masterarbeit

- Ihr eigenes eBook und Buch - weltweit in allen wichtigen Shops

- Verdienen Sie an jedem Verkauf

Jetzt bei www.GRIN.com hochladen und kostenlos publizieren